INHALT

Marzahn

Der denkmalgeschützte Parkfriedhof Marzahn lädt zum Flanieren ein.

Um am schnellsten nach Marzahn zu gelangen, fährt man mit der S-Bahn-Linie 7 in Richtung Ahrensfelde. Vom Berliner Ostbahnhof dauert die Fahrt gerade einmal 19 Minuten. Als die eingleisige Strecke der **Wriezener Bahn** am 5. Mai 1898 in Betrieb genommen und 1903 zum Wriezener Bahnhof, unmittelbar am Ostbahnhof (damals noch Schlesischer Bahnhof genannt), verlängert wurde, dauerte die Fahrt mit dem Dampfzug nur 15 Minuten, allerdings gab es dazwischen damals nur die Haltepunkte Lichtenberg-Friedrichsfelde (heute Berlin-Lichtenberg) und Friedrichsfelde-Friedhof (bis 1918). Die Wriezener Bahn war nicht nur für die Marzahner eine große Errungenschaft: Bis zum Oderbruch brachte sie den Gemüsebauern wirtschaftliche Erleichterung, denn so konnten sie ihre Waren schneller auf die Berliner Märkte bringen. Der Bahnhof liegt allerdings etwas abseits vom alten Dorf Marzahn,

BERLINER SPAZIERGÄNGE

KARL-HEINZ GÄRTNER

Marzahn-Hellersdorf

ELSENGOLD

Bild S. 2: Seit der Internationalen Gartenausstellung 2017 führt die Gondelbahn von der Station Kienbergpark zur Station Gärten der Welt.

Abbildungen
Adobe Stock: Titelbild (ArTo); **Sammlung Karl-Heinz Gärtner:** 9, 10, 11, 12, 14/15, 16/17, 18, 21, 22, 24/25, 27, 29, 30, 33, 34, 35, 37, 38, 39, 40, 41, 43, 44, 45, 46, 47, 48, 50, 51, 53, 54, 56/57, 58, 59, 60, 61, 62, 63, 66; **Wikimedia Commons:** 2 (Kvikk), 6/7 (Bernard Ladenthin), 8 (Global Fish), 13 (Angela M. Arnold), 19 (Gunnar Klack), 23 (sebaso), 26 (Angela M. Arnold), 28 (OTFW), 31 (Bodo Kubrack), 32 (anagoria), 36 (Angela M. Arnold), 42 (Niels Elgaard Larsen), 46/47 (Levin Holtkamp), 49 (Spationaut), 52 (Angela M. Arnold), 52/53 (Angela M. Arnold), 55 (Angela M. Arnold), 64/65 (Angela M. Arnold), 65 (Angela M. Arnold)

Impressum

Gestaltung und Satz: Mario Zierke, Berlin
Printed in Slovenia
ISBN 978-3-96201-066-9

die Verbindung war damals über den Wiesenburger Weg (früher Bahnhofstraße) möglich, der unmittelbar zum Dorf führte. Heute gibt es mehrere Busverbindungen, auch die Straßenbahn führt unweit am Dorf vorbei. Aber bevor wir uns nach Marzahn bewegen, sollten wir dem alten, denkmalgeschützten **Parkfriedhof Marzahn**, der unmittelbar westlich der Gleisanlagen des Bahnhofs liegt und über eine Fußgängerbrücke zu erreichen ist, einen Besuch abstatten. Der Eingang befindet sich am Wiesenburger Weg 10. Der Parkfriedhof Marzahn ist mit einer Fläche von 22,4 Hektar der größte Friedhof im Bezirk Marzahn-Hellersdorf und hat seit seiner Eröffnung am 29. November 1909 als Armenfriedhof inzwischen diese Bezeichnung verloren. Heute lädt er auf schattenspendenden Wegen, die mit einer Vielzahl Bänke ausgestattet sind, zum besinnlichen Verweilen ein, und man kann sich vom Lärm der Großstadt erholen. Am Eingang findet man einen übersichtlichen

Lageplan, auf dem mehrere **Gedenkstätten** verzeichnet sind, die an Opfer von Krieg und Gewaltherrschaft erinnern. Bereits zwischen 1915 und 1923 wurden hier überwiegend verstorbene Soldaten aus den Lichtenberger Krankenhäusern und anderen Notlazaretten beigesetzt. Insgesamt wurden hier 98 Opfer des Ersten Weltkrieges und 43 Tote aus den Berliner Nachkriegskämpfen beerdigt. Dieser Ehrenhain, der 1916 angelegt wurde, ist sehr gepflegt, bei vielen Steinen kann man die Inschriften wegen zu starken Moosbefalls und witterungsbedingter Alterung jedoch nicht mehr oder nur noch teilweise erkennen. Darüber hinaus erinnern Gedenksteine und Denkmale an verschiedene Opfergruppen des Zweiten Weltkrieges, und es gibt einen Sowjetischen Ehrenfriedhof.

Gebäude der Knorr-Bremse AG an der Georg-Knorr-Straße 4

Verlassen wir den Parkfriedhof, der übrigens als Gartendenkmal in die Berliner Denkmalliste aufgenommen wurde, und gehen über die Fußgängerbrücke wieder zurück zum S-Bahnhof Marzahn. Blickt man von hier aus in Richtung Südwesten, sieht man die ehemalige, 1942 fertiggestellte und ebenfalls unter Denkmalschutz stehende weitläufige Werksanlage der Maschinenfabrik Hasse &Wrede, die ab 1921 zur **Knorr-Bremse AG** gehörte. Über den S-Bahnsteig

Marzahn gelangt man über eine weitere Fußgängerbrücke über die Märkische Allee zum Einkaufszentrum **Eastgate** und zum **Busbahnhof Marzahn**. Hier suchen wir die Haltestelle des 192er- oder des 195er-Busses, mit dem wir zwei Haltestellen weit bis zur Haltestelle Rebhuhnweg fahren. Alternativ kann man auch die 1,3 Kilometer lange Strecke parallel zur Landsberger Alle zu Fuß in etwa 20 Minuten bewältigen. Von der Haltestelle geht man nur wenige Schritte zurück und gelangt zu einem Parkplatz am westlichen Ende des alten Dorfes Marzahn, der bis Mitte der 1970er-Jahre noch der **Dorfteich** war. Ein zweiter Teich befand sich am südöstlichen Dorfrand; viele weitere Pfuhle und die nahe gelegene Wuhle gaben dem Dorf vermutlich den heutigen Namen Marzahn, der sich vom polabischen „Morcane“ (=Sumpf) ableiten lässt. Polabisch waren die Sprachen der westslawischen Stämme, die seit dem 7. Jh. Gebiete des heutigen Nordostdeutschlands und Nordwestpolens besiedelten. Gegen Ende des 11. Jh.s drangen im Zuge der Ostexpansion die Askanier in das Gebiet der slawischen Siedlungen und ließen nach althergebrachtem

Der alte Dorfteich, um 1930

Das Gefallenendenkmal am Dorfanger zierte zur Zeit der Aufstellung ein Stahlhelm und das Relief eines Preußenadlers.

Muster das Straßenangerdorf anlegen. Dabei übernahmen sie vermutlich diesen Ortsnamen, aus dem über die Jahrhunderte Morczane, Marcana, Murtzane, Mortzane, Mortzan und schließlich ab dem 18. Jh. Marzahn wurde. Neben den freien Flächen um Marzahn, die sich für eine Wohnbebauung eigneten, war dies vermutlich ein Hauptgrund dafür, dass der am 5. Januar 1979 gebildete neue Stadtbezirk Marzahn den Namen des ältesten Ortes im Bezirk erhielt – das Dorf wurde im Jahr 1300 erstmals urkundlich erwähnt. Ausgegliedert aus dem bei der Gründung Groß-Berlins 1920 gebildeten Stadtbezirk Lichtenberg, gehörten zum Bezirk Marzahn die Ortschaften Biesdorf, Kaulsdorf und Mahlsdorf sowie ein Teil von Friedrichsfelde, Ländereien von Falkenberg und der ehemalige Gutshof Hellersdorf. Nach Erweiterung des Wohnungsbauprogramms der DDR wurde der Bezirk geteilt, und Hellersdorf, Kaulsdorf und Mahlsdorf bildeten ab Juni 1986 einen eigenen Bezirk. Bei der verordneten Reduzierung der Berliner Stadtbezirke von 23 auf zwölf im Jahr 2001 wurden die Bezirke Marzahn und Hellersdorf erneut zusammengefasst.

Gleich zu Beginn unseres Spaziergangs durch das alte **Angerdorf** Marzahn begegnet uns an der westlichen Angerspitze ein Denkmal: das **Denkmal für die Gefallenen** der Gemeinde Alt-Marzahn. Es wurde als erstes Denkmal im Bezirk nach dem

Ersten Weltkrieg bereits am 1. August 1920 aufgestellt und erinnert an 25 gefallene Söhne der Gemeinde Marzahn. Heute wissen wir, dass es weitere zehn Gefallene gab und weitere 43 Kriegsteilnehmer, die entweder vermisst blieben, verwundet wurden oder in Gefangenschaft gerieten. Zwei Namen fallen dem aufmerksamen Betrachter besonders auf: zum einen Hermann Riesenburger, geboren am 10. September 1889 in Drausnitz (Westpreußen), der als erster auf der Tafel steht und bereits am 20. August 1914 in Ostpreußen vermisst wurde und Sohn des jüdischen Marzahner Kaufmanns Emil Riesenburger war. Dessen zweiter Sohn Isidor war ebenfalls Kriegsteilnehmer, überlebte den zwar, wurde aber 1915 schwer verwundet. Das Kaufhaus der Familie Riesenburger befand sich von etwa 1914 bis etwa 1935 im Haus **Alt-Marzahn 39**, wo sich auch zeitweise die Wohnung der Familie von Emil und seiner Frau Julie Riesenburger befand. Der zweite Name lautet Erich Grünberg. Er wurde am 2. April 1893 in Marzahn geboren. Sein Vater Max Grünberg (1857–98) war ebenfalls ein jüdischer Kaufmann und betrieb mit seiner Frau Louise (geb. Jacobi) im Haus **Alt-Marzahn 52** ein kleines Kolonialwarengeschäft. Schon ihr Vater Manasse Jacobi (1828–1913) war in diesem Haus als Kaufmann tätig. Beide Familien bezeugen ein harmoni-

Das Kaufhaus Riesenburger Alt-Marzahn 39, um 1915

sches Miteinander von Juden und Christen im alten Marzahn jener Zeiten.

Das Denkmal wurde wie das gesamte märkische Angerdorf 1977 unter Denkmalschutz gestellt. Es ist das einzige Denkmal im Bezirk im öffentlichen Raum, was daran liegt, dass es noch vor der Eingemeindung Marzahns nach Groß-Berlin aufgestellt wurde. Später hatte der SPD-regierte Bezirk Lichtenberg die Aufstellung von Gefallenendenkmälern auf öffentlichen Plätzen nicht mehr genehmigt.

Das Wohn- und Geschäftshaus der Familie Grünberg

Nun muss man sich entscheiden, ob man den Weg links (ungerade Hausnummern) oder rechts (gerade Hausnummern) am Anger entlanggeht, obwohl das eigentlich egal ist, da man die Häuser auf der anderen Seite jederzeit sehen kann. Die alte Angerbebauung wurde bei der Rekonstruktion des Dorfes um 1980 zum großen Teil abgerissen, so fehlen nicht nur einige Hausnummern, sondern auch damit verbunden die alte Schmiede (Nr. 33) mit Tankstelle, die öffentliche Waage, der Dorfbrunnen von 1801 und einige andere Häuser (Nr. 34, 36, 37, 41 und 43).

Auf dem Anger steht noch ein kleines Gebäude mit der Hausnummer 38, das viele Jahre ein kleines **Postamt** beherbergte. Bereits von 1929 bis 1940 betrieb der Schuhmacher Franz Randau (*1880) hier eine Postagentur.

Danach wurde die Post nach Alt-Marzahn 56 verlagert und 1963 wieder in dem Haus Nr. 38 neu eröffnet. Wann sie genau geschlossen wurde, ist nicht eindeutig bekannt, höchstwahrscheinlich war es um 1983. Anfang der 1990er-Jahre befand sich hier ein Schreibwarengeschäft mit Faxservice. Hier gab es erstmals die Möglichkeit, Faxnachrichten mit einer Direktverbindung von Berlin-Ost nach West-Berlin zu übermitteln. Bis vor wenigen Jahren war hier ein Info-Punkt für Touristen untergebracht, der aber zurzeit geschlossen ist. Übrigens: Die erste Postagentur im Dorf wurde am 1. Mai 1888 eingerichtet und von dem Lehrer Rudolf Filter (1833–97) geleitet. Schräg gegenüber sehen wir das Haus Nr. 44/46. Vor dessen Eingang werden vom Frühjahr bis in den Herbst hinein immer preisgünstige und frische Produkte aus eigener gärtnerischer Produktion für den Vorbeigehenden angeboten. Man braucht nicht einmal zu klingeln, denn es gibt hier die Kasse des Vertrauens.

Vor dem Haus Alt-Marzahn 44/46 werden saisonal Obst und Gemüse zum Kauf angeboten.

Ein Gebäude auf dem Anger, Hausnummer 51, fällt dem Besucher schon von Weitem ins Auge: Seit 1999 ist hier das **Bezirksmuseum Marzahn-Hellersdorf** untergebracht. Ursprünglich wurde das Haus 1912 als neue **Schule** errichtet, da die alte schon längst nicht mehr ausgereicht hatte. 1977 wurde die Schule unter Denkmalschutz gestellt und nach dem Schuljahr 1977/78 geschlossen. Der Architekt war Paul Tarruhn (1877–1945), der zu dieser Zeit in Berlin-Lichtenberg lebte und arbeitete. Ihm werden wir noch

Die denkmalgeschützte ehemalige Dorfschule beherbergt heute das Bezirksmuseum.

bei anderen Schulbauten im Bezirk Marzahn-Hellersdorf begegnen. In den nachfolgenden Jahren wurde die Schule verschiedenen Nutzungen zugeführt, bis man beschloss, das Gebäude als Bezirksmuseum zu nutzen. 2012 kam noch ein zweites Haus, Alt-Marzahn 55, hinzu, das die Dauerausstellung zur Geschichte des Bezirks und seiner Ortsteile beherbergt. Die Freifläche westlich vor dem Bezirksmuseum wird heute beim Erntefest als Festwiese genutzt, und zu Weihnachten steht hier ein großer, festlich geschmückter Weihnachtsbaum. Im Frühling blühen hier alle Sorten von Frühjahrsblumen, und die rot und weiß blühenden Kastanienbäume verleihen der Wiese ein unvergessliches, farbenfrohes Bild. Ursprünglich befand sich hier der mittelalterliche **Friedhof**, auch die alte Marzahner **Dorfkirche** aus Feldstein stand hier bis 1874. Der Friedhof wurde aus Mangel an freien Grabstellen 1889 geschlossen und 1930 eingeebnet, auf ihm entstand dann der Schulhof. Der neue Marzahner Gemeindefriedhof wurde 1893 etwas außerhalb des Dorfes Marzahn an der Landsberger Allee (heute Nr. 496) offizell eröffnet. Mit Auslaufen des letzten Ruherechts ist er seit 2009 geschlossen, bleibt aber aufgrund der Tatsache, dass hier 64 Opfer des Zweiten Weltkriegs bestattet sind und ein

Dauerruherecht genießen, bestehen und ist auch begehbar.

Gleich neben der Schule bzw. dem Museum, Alt-Marzahn 49, steht die älteste Gaststätte von Marzahn. Den Namen **„Marzahner Krug"** erhielt sie allerdings erst unter der Geschäftsführung des Konsum ab 1957. Davor trug der Krug immer den Namen des jeweiligen Besitzers, so war es auch 1877, als Familie Drenske den Krug übernahm. Über mehrere Generationen, bis 1949, blieb der Krug in Familienbesitz. 1451 wurde in Marzahn ein Krug erstmalig erwähnt, und seit 1757 ist der heutige Standort des Kruges nachweisbar. Nach einem Brand von 1909 erhielt das Gebäude sein heutiges Aussehen. Eine zweite Gaststätte, die 1788 erstmals erwähnt wurde, befand sich schräg gegenüber auf der anderen Seite des Angers im Haus Nr. 54. Diese wurde vermutlich von eingewanderten Pfälzer Kolonisten errichtet, die ab 1764 dem Ruf König Friedrichs II. folgten. In diesem Lokal gründeten 1884 15 Landwirte den **Reitclub Marzahn**, im selben Jahr fand auch das erste Rennen statt, das sich in den Jahren bis zum Zweiten Weltkrieg im August nach der Getreideernte großer Beliebtheit bei Gästen von Nah und Fern erfreute. Um 1890 wurde an die Gaststätte ein Tanzsaal angebaut. Allerdings ist das Haus nicht mehr in seinem Originalzustand – es wurde in den 1980er-Jahren im Stil des 19. Jh.s neu gebaut. Andere im 19. Jh. errichtete Bauernhäuser wurden ebenfalls in den 1980er-Jahren restauriert, wobei darauf geachtet wurde, dass die historischen Formen eines Vierseithofes stets erhalten blieben. Die Gaststätte wurde in den 1950er-Jahren geschlossen, von 1956 bis etwa 1963 beherbergte das Haus das einstige Kino **„MALI“** (Marzahner Lichtspiele). Heute ist hier das Alkoholfreies-Begegnungs-Centrum (ABC – Wuhletal gGmbH) untergebracht.

Der Marzahner Dorfkrug im Jahr 1898

Nicht unerwähnt soll die **neue Dorfkirche** bleiben, die 1871 nach Plänen des Königlichen Kreisbauinspektors Eduard Bürkner (1811–74), die er nach einem Entwurf des Schinkel-Schülers und Geheimen Oberbaurats Friedrich August Stüler (1800–65) angefertigt hatte, eingeweiht wurde. Obwohl nicht mehr alles original erhalten ist, hinterlässt sie beim Betrachter mit ihrer äußeren Gestalt, einschließlich des knapp 25 Meter hohen Kirchturms, weitgehend doch noch den Eindruck des für die damalige Zeit typischen neogotischen Backsteinbaus aus gelben Herzfelder Hartbrandsteinen. Aus der mittelalterlichen Kirche wurden der restaurierte Renaissance-Taufstein aus Sandstein von 1620 und eine Glocke von 1660 übernommen. Die Marzahner Dorfkirche steht seit 1985 unter Denkmalschutz.

Als im Dezember 1911 noch nicht abzusehen war, dass Marzahn einige Jahre später seinen Status als selbstständige Gemeinde aufgeben und zu Groß-Berlin eingemeindet würde, entstand in Alt-Marzahn 64 ein neues

Gemeinde- und Feuerwehr-**Spritzenhaus**. Auch dieser Bau wird Paul Tarruhn zugeschrieben.

Das Wohnhaus davor mit der **Hausnummer 62** ist das einzige Haus im Dorf, das nicht mit der Traufseite zur Straße steht. In den letzten Jahren wurde es denkmalgerecht saniert. Hier wohnte und lebte einst die Familie Christians, deren Vorfahren zu den Pfälzer Kolonisten gehörten. Die Familie war in Marzahn sehr angesehen, eine Gedenktafel für den im Deutsch-Französischen Krieg am 18. August 1870 gefallenen Gefreiten Ludwig Christians hängt noch heute in der Marzahner Kirche im Turmraum hinter der Orgel.

Eine Besonderheit, die es wahrscheinlich nur in Marzahn gab, ist die Tatsache, dass die Dorfstraße zwischen 1923 und 1927 fünf Straßennamen und drei Namen für Plätze trug. So hieß z. B. die Stelle, an der das Denkmal für die Gefallenen des Ersten Weltkriegs steht, Ludwig-Dubick-Platz. Alle diese Namen waren alteingesessenen Persönlichkeiten der Marzahner Gesellschaft gewidmet. Obwohl in die Berliner Adressbücher aufgenommen und dort nachzulesen, geschah dies jedoch ohne Genehmigung der Lichtenberger Bezirksverwaltung, sodass diese Benennungen 1927 wieder zurückgenommen wurden. Die amtliche Umbenennung der Dorfstraße in Alt-Marzahn 1938 war ein Ergebnis der

1920 erfolgten Eingemeindung, da seit der Bildung von Groß-Berlin fast jede der 59 ehemals selbstständigen Gemeinden eine Dorfstraße hatte. Nach und nach wurden die meisten Dorfstraßen in Berlin in Alt-... umbenannt, um Verwechslungen, insbesondere bei Postsendungen – es gab zu dieser Zeit noch keine Postleitzahlen –, zu vermeiden.

Im Dorf Marzahn ist es ziemlich ruhig, da es hier keinen Durchgangsverkehr mehr gibt. Früher war die Dorfstraße ein Teil der Ausfallstraße von Berlin nach Altlandsberg; diese Funktion hat nun die große, breite Magistrale der Landsberger Allee übernommen. Somit gibt es auch den Busverkehr nicht mehr, der ab 1928 das kleine Dorf durchquerte und von 1956 bis 1973 durch den O-Bus-Linie O 37, die letzte Linie ihrer Art in ganz Berlin, ersetzt wurde.

Ein Wagen der A-Bus-Linie 37 vor dem Schulhaus, um 1940

Und wenn Sie nun am Ende des Spazierganges den Eindruck mitnehmen, keinen Marzahner kennengelernt zu haben, dann kommen Sie einfach noch einmal wieder, am besten zum Alt-Marzahner Erntefest, das seit 1995 am zweiten Wochenende im September unter Mitwirkung Tausender Marzahner stattfindet.

Am östlichen Dorfende steht seit einiger Zeit eine Informationstafel, an der man sich über Details der Geschichte Marzahns informieren kann. Früher war das Dorf hier noch nicht zu Ende. Die von Bauernhöfen gesäumte Straße führte weiter und stellte eine direkte Verbindung nach Hellersdorf und Biesdorf her. Das heutige Haus mit der Nr. 70 ist ein stilgerechter Neubau. Hier befand sich einst die am 1. März

1953 gegründete erste Marzahner LPG „Neue Ordnung“ in Berlin (ab 1965 LPG „Edwin Hoernle“). Weitere Grundstücke und Teile des Marzahner Siedlungsgebietes mussten der Groß-siedlung Marzahn und insbesondere der neuen Straße Allee der Kosmonauten weichen.

Bevor man nun die Heimreise antritt – am schnellsten würde man mit den Straßenbahnlinien M 8 oder 18 zum Bahnhof Springpfuhl (S 7 und 75) kommen –, sollte man unbedingt noch einen Blick auf die Marzahner **Bockwindmühle** werfen. Sie ist eine Rekonstruktion der 1815 im Dorfzentrum in Betrieb genommenen Mühle und wurde 1994 auf dem eigens aufgeschütteten Hügel an ihrem neuen Standort Hinter der Mühle 4 eingeweiht. Die Mühle ist voll funktionsfähig und kann auch besichtigt werden.

Steinerne Richtkrone von Alfred Bernau an der Allee der Kosmonauten

Während der Rückfahrt kommt man unwillkürlich an den vielen Neubauten der Großsiedlung Marzahn vorbei. Eine Haltestelle vor der Station Springpfuhl, Helene-Weigel-Platz, steht an der Allee der Kosmonauten die **Steinerne Richtkrone**, die an die Erbauer der Siedlung erinnert. Gleich daneben, an der Marchwitzastraße, wurde 1977 das erste Haus in industrieller Bauweise errichtet. Heute erstreckt sich das Neubaugebiet Marzahn bis nach Ahrensfelde auf einer Fläche von 19,54 Quadratkilometern. Hier leben rund 111 000 Menschen.

Hellersdorf und Wuhlgarten

Um nach Hellersdorf zu gelangen, fährt man am schnellsten mit der U-Bahn-Linie 5 bis zum **Cottbusser Platz**. Von hier aus führt ein Fußgängertunnel zur Carola-Neher-Straße und zum Auerbacher Ring südlich des Bahnhofs, durch den man mit nur wenigen Schritten zum Park Hellwichstorp gelangt. Rechter Hand ist bereits ein **Stelenfeld** zu sehen, welches den historischen mittelalterlichen Dorfkern von „Hellwichstorpp" bzw. die Außenmaße der ehemaligen Kirche von 16 x 9 Metern symbolisieren. Wie die meisten der ehemaligen Berliner Dörfer wurde auch Helwichstorpp, Hellwichstorf, Hellersdorf 1375 im Landbuch Kaiser Karls IV. erstmals urkundlich mit einem Gebiet von 25 Hufen erwähnt. Zu dieser Zeit sind bereits u. a. eine Windmühle und ein Dorfkrug belegt. Nicht einmal 50 Jahre später, 1416, wurde das relativ kleine Straßendorf Hellwichstorpp als „wüst", also aufgegeben, geschildert. Erst bei Bauarbeiten im Zuge der Errichtung der Großsiedlung und der U-Bahn-Linie 5 wurden in den Jahren zwischen 1983 bis 1986 die Grundsteine der ehemaligen Kirche, Reste des Friedhofs und Spuren von Wohnhäusern und der größte Teil des etwa einen Kilometer langen ehemaligen Dorfes in seinen äußeren Grenzen freigelegt. Die ursprüngliche Annahme, das Dorf Helwichstorpp hätte unmittelbar neben dem heutigen Gut Hellersdorf gelegen, konnte bei archäologischen Sondierungen nicht bestätigt werden. Bereits 1972 fanden die Archäologen den historischen Dorfkern auf der Höhe des heutigen U-Bahnhofes Cottbusser Platz. Rund 20 Jahre später ließ der Bezirk mit EU-Fördermitteln die Stelen aus Edelstahl zur Erinnerung aufstellen. Der Platz wurde 2006 eingeweiht. In die Stelen sind u. a. Zeichnungen und Informationen über das historische Hellwichstorpp dauerhaft eingraviert.

Mit diesen Erkenntnissen machen wir uns nun auf den Weg zum **Gut Hellersdorf**, d. h. zu den Gebäuden des Gutes, die noch erhalten sind. Dazu gehen wir wieder zurück zum U-Bahnhof Cottbusser Platz. Aus Sicherheitsgründen sollte man die Straßenunterführung der Hellersdorfer Straße in Richtung Cottbusser Platz nutzen.

Die Stahlstelen im Park Hellwichstorp markieren den Grundriss der ehemaligen Kirche und informieren über die Geschichte des Ortes.

An dieser Stelle sei nur kurz erwähnt, dass sich nicht weit entfernt Hellersdorfs neue Mitte, auch **„Helle Mitte“** genannt, befindet. Um die Neubausiedlung architektonisch aufzuwerten, wurde nach der Wiedervereinigung ein Architekturwettbewerb für das Zentrum ausgeschrieben. 1997 konnte der Öffentlichkeit ein neues urbanes Konzept mit Rathaus u. v. m. im Schnittpunkt der großen Stadtteilmagistralen Hellersdorfer Straße und Stendaler Straße übergeben werden.

Der kürzeste Weg zum Gut führt uns am Cottbusser Platz entlang bis zur Einmündung in die Cottbusser Straße. Vis-à-vis gibt es einen Fußgängerweg, der uns direkt zur Straße Alt-Hellersdorf und zum Gut führt. Kurz davor steht auf der rechten Seite, gegenüber der Kleingartenanlage „Am Storchennest“, ein Haus (**Alt-Hellersdorf 27**), von dem man nicht vermuten würde, dass es bereits um 1850 erbaut wurde und somit das älteste Gebäude auf dem Gutshof ist. Ursprünglich war es wie alle Gebäude unverputzt. Bis 1890 diente es als Maschinenhaus, Milchhaus und Brennerei. Ab 1893 erfolgte ein Umbau einschließlich der Aufstockung des Obergeschosses. 1894 konnten bereits die ersten Bewohner, meist Saisonarbeiter (Schnitter), einziehen. Ab Anfang der 1930er-Jahre befand sich hier erstmalig in Hellersdorf ein Lebensmittelgeschäft mit kleiner Schankwirtschaft, das von dem Ehepaar Kurt und Elisabeth Halang geführt

wurde. Hierzu wurde extra ein Zugang von der Straße geschaffen, der allerdings später wieder zugemauert wurde. Elisabeth Halang war eine geborene Jacob und wurde 1903 in Hellersdorf geboren. Ihr Vater Gustav Jacob war Hofverwalter und später städtischer Wiegemeister auf dem Hellersdorfer Gut. Seit 1990 wird das Haus privat mit unterschiedlicher Nutzung vermietet.

Am Ende des Weges ist der Eingang zum Gutshof zu erkennen. Links steht das alte **Gutshaus** (Alt-Hellersdorf 19), das um 1870 als Ziegelbau errichtet wurde und nach 1960 durch einfachen Putz sowie den Einbau von sprossenlosen Fenstern sein historisches Aussehen einbüßte. Original geblieben sind nur die Kellerfenster. Es war bis zum Ende des Zweiten Weltkrieges ein Wohnhaus, anfangs der Gutspächter und danach der jeweiligen Stadtguts-Inspektionen. An der Nordseite des Gutshauses schloss sich ein parkähnlicher Garten an, von dem heute außer ein paar wenigen Bäumen nichts

Das älteste Gebäude auf dem Gutshof: Alt-Hellersdorf 27

mehr zu erkennen ist. Die ersten Bewohner waren der Gutspächter und Gutsvorsteher Theodor Muhr (1829–1909) mit seiner Frau, seinen vier Töchtern und seiner Mutter. Muhr war von 1857 bis 1872 Administrator auf dem Gut, anschließend bewirtschaftete er es bis 1888 als Pächter. Neben seiner beruflichen Tätigkeit übte er zahlreiche Ämter aus, wie bis 1894 das des Standesbeamten des Standesamtsbezirks Eiche mit Sitz in Hellersdorf und bereits ab 1883 des Amtsvorstehers des Amtsbezirkes Ahrensfelde. Bekannt wurde er später, inzwischen zum Ökonomierat befördert, als Autor von Werken wie *Landwirtschaftlicher Ratgeber – Neue Wirtschaftsregeln und Praktische Winke für jeden Grundbesitzer*.

Das Gutshaus Alt-Hellersdorf 19 im Jahr 2015

Abgesehen davon, dass es hier zum Ende des 16. Jh.s gerade einmal wieder eine Schäferei gegeben hatte und es zum Vorwerk des Gutes Blumberg (Barnim) gehörte, wissen wir aus der Frühzeit des Gutes Hellersdorf recht wenig. Oftmals hatte der Besitzer gewechselt, bis es 1836 an den Grafen Friedrich Ludwig von Arnim (1796–1866; Boitzenburger Linie) überging, der es nachfolgend (1839) zum **Rittergut** gewandelt und erfolgreich ausgebaut hatte. Die Stadt Berlin hatte ab 1886 mit dem Eigentümer Verhandlungen aufgenommen, um weitere Ländereien zur Nutzung als Rieselfelder zu erwerben. Von 1893 bis ca. 1970 war es dann **Rieselgut**.

Die Belegschaft des Gutshofes hat sich zum Erntedankfest herausgeputzt. 1930er-Jahre

1920, bei der Eingemeindung nach Berlin, bestand das Gutszentrum Hellersdorf aus drei Straßen: die fälschlicherweise so bezeichnete Dorfstraße (heute Alt-Hellersdorf) – das Gut war kein Dorf, es hatte keine Kirche, keinen Krug, keinen Gemeindevorstand, was ein Dorf ausmachte, es gab lediglich eine kleine Schule für die jüngeren Schüler –, die Eichestraße und die Kaulsdorfer Straße (heute Alte Hellersdorfer Straße). Das Gut Hellersdorf einschließlich Wuhlgarten brachte 252 Einwohner und eine Fläche von 572,4 Hektar nach Groß-Berlin mit.

Neben dem Gutshaus gab es natürlich noch weitere Gebäude auf dem Gut. 1845 wurde, an der Westseite des Gutshofes gelegen, ein **Kuhstall** errichtet, auf dessen Grundmauern 1898 eine Scheune gebaut wurde. Hauptabnehmer der hier produzierten Milch waren u. a. die in Berlin entstandenen sogenannten Milchkur-Anstalten. Der Kaufmann Ludwig Cohen (1827–89) hatte seinerzeit die Hellersdorfer Milch berühmt gemacht, er eröffnete 1879/80 in Berlin in der Friedrichstraße 68 seine erste Milchhalle mit dem Namen „Milch-Halle des Rittergutes Hellersdorf“, ab 1886 „Milchhalle der Molkerei Hellersdorf“. Nach seinem Tod – den Markennamen hatte er sich noch vor 1888 patentrechtlich schützen lassen – wurde der Markenname in „Milchhalle der Berliner

Milchkur-Anstalt L. Cohen – früher Hellersdorf“ geändert. Nachdem die Stadt Berlin das Rittergut Hellersdorf übernommen hatte, wurden ab 1889 die Milchkuhhaltung eingestellt und die Lieferverträge gekündigt.

Auf alle noch existierenden alten Gebäude auf dem Gutshof Hellersdorf einzugehen, insbesondere diejenigen, die aus der Zeit als städtisches Rieselgut, Volkseigenes Gut und LPG stammen, würde den Rahmen dieses Spazierganges sprengen. Daher verlassen wir den Gutshof und gelangen nach nur ein paar Schritten zum Haus **Alt-Hellersdorf 3/5** auf der rechten Straßenseite. Heute ist es schwer vorstellbar, dass sich hier einmal das alte **Schulhaus** befand. Schulunterricht wurde für die Kinder der Gutsarbeiter nachweislich ab dem 1. Juli 1852 abgehalten. Als neues Schulhaus wurde das Gebäude um 1865 an dieser Stelle errichtet. Zu ihm gehörten eine 60 Quadratmeter große Lehrerwohnung und ein Stall hinter dem Haus. 1897 erfolgte an der rechten Seite ein Anbau, sodass die Lehrerwohnung und die Schulstube um ein Drittel vergrößert werden konnten. 1893 erhielt der Stall zusätzlich einen Abort und 1910 eine Waschküche. Die Schule, als 19. Volksschule des Bezirks Berlin-Lichtenberg verzeichnet, wurde wahrscheinlich 1938 geschlossen. Der letzte Lehrer, Otto Heitefuß (1902–63), in Hellersdorf von

1934 bis 1938 tätig, ging anschließend als Lehrer nach Marzahn, vermutlich auch die Schüler. Die Lehrerwohnung bewohnte er bis Kriegsende weiter. Aus dem Jahr 1925 ist uns eine gemischte Klasse, bestehend aus zehn Knaben und 16 Mädchen, überliefert, die von Heitefuß' Vorgänger Karl Jaeger unterrichtet wurden. Jaeger (* 1870) war hier von 1907 bis 1933 Lehrer. Der heutige Bau ist ein auf den Fundamenten des alten Schulhauses errichtetes Wohnhaus aus der Zeit von 1967/68 und diente anfangs als Betriebssanitätsstelle.

Einige Meter weiter kommt man an die **Kreuzung Alt-Hellersdorf/Alte Hellersdorfer Straße**. Hier fallen die vier größeren Ziegelbauten und ein Stallgebäude auf, die zwischen 1889 und 1901 errichtet wurden und ursprünglich als Unterkünfte für Festangestellte und Saisonarbeiter des Stadtgutes Hellersdorf dienten. Zwei Häuser waren für je vier und zwei für je acht Familien mit einigen Nebenräumen konzipiert. Es sind die Hausnummern Alte Hellersdorfer Straße 58/60 (200/202), 57/59 (201/203), 65/67 (205/207) und 62/64 (206/208). Die Hausnummern in Klammern stammen aus der Zeit, als das Gut Hellersdorf administrativ von Marzahn zu Kaulsdorf wechselte und man 1940/41 mit der neuen Nummerierung der damaligen Hellersdorfer Straße in Kaulsdorf begann. Ihre Gültigkeit haben sie mit der Umbenennung in Alte Hellersdorfer Straße 1985

Eines der Vierfamilienhäuser in der Alten Hellersdorfer Straße

verloren. Die Häuser stehen unter Denkmalschutz.

Das Gut Hellersdorf repräsentiert ein beachtliches Stück Berliner Landwirtschaftsgeschichte. Es bleibt abzuwarten, was mit dem historischen Areal in der Zukunft geschieht und wie die ehrgeizigen neuen Bebauungspläne für ein neues Wohnquartier mit dem Gutshof als Zentrum umgesetzt werden.

Bewohner vor einem Achtfamilienhaus, 1914

Um am schnellsten nach **Wuhlgarten** zu gelangen, gehen wir ein kurzes Stück auf der Eisenacher Straße entlang bis zur Kreuzung Gothaer Straße. Die Eisenacher Straße war einst nur ein Feldweg, aber die kürzeste Verbindung zum benachbarten Dorf Marzahn, wo die Hellersdorfer in früheren Jahren zum Einkaufen, in die Gaststätten oder zur Post gingen. Wir biegen nach links in die Gothaer Straße ab und gehen auf der rechten Straßenseite bis zur Bushaltestelle Gothaer Str./Alte Hellersdorfer Straße. Hier nehmen wir die Linie 197 Richtung Kaulsdorf. Mit ihr fahren wir vier Haltestellen bis zum U-Bahnhof Kienberg/Gärten der Welt, um mit der U 5 in Richtung Alexanderplatz bis zur Station **Wuhletal** zu fahren. Die Fahrzeit beträgt insgesamt ca. 15 Minuten. Vom Bahnhof aus geht es auf dem Fußgängerübergang über die Altentreptower Straße und dann nach links bis zur großen Hinweissäule des **Unfallkrankenhauses Berlin**. Markiert ist der Weg mit zwei Feldsteinen. Geradeaus führt der **Wuhletal-Wanderweg**, aber den nehmen wir

Gedenkstein für Patienten des Krankenhauses, die im Mai 1945 ums Leben kamen und in einem Massengrab verscharrt wurden

heute nicht, auch wenn es sich lohnen würde. Stattdessen gehen wir gleich den linken Weg entlang, der uns direkt nach Wuhlgarten führt. Zuvor haben wir – möglicherweise ohne es zu merken – das kleine Flüsschen **Wuhle** überquert, das die natürliche Grenze zwischen den Ortschaften Marzahn und Biesdorf einerseits und Hellersdorf und Kaulsdorf andererseits bildet. Zugleich verbindet die knapp 16 Kilometer lange Wuhle den heutigen Bezirk Marzahn-Hellersdorf und wurde deshalb 2001 als silberne Wellenlinie in das neue Bezirkswappen aufgenommen. Damalige Vorschläge, den neuen Großbezirk Wuhletal zu nennen, hatten sich nicht durchsetzen können. Heute ist dieser ökologische Grünzug ein gern genutzter öffentlicher und gut markierter Wanderweg. Interessant ist aber auch der Weg, der uns heute nach Wuhlgarten führt. Oberirdisch ist er heute wieder von jungen Obstbäumen gesäumt, und unterirdisch verläuft eine wichtige, nahezu geradlinig verlaufende und bereits 1891 verlegte **Trinkwasserleitung** von Friedrichshagen zum Lichtenberger Zwischenpumpwerk an der Landsberger Allee; der heutige Fuß- und Radweg wurde in früherer Zeit Wasserweg genannt.

Auf halbem Weg stehen auf der rechten Seite mehrere Tafeln, die über die **Geschichte des ehemaligen Krankenhauskomplexes Wuhlgarten** zwischen 1933 und 1945 informieren. Weitere Gedenkorte gibt es in Wuhlgarten für 180 Patienten, die im Mai 1945 umgekommen sind. Für die Euthanasieopfer von 1940/41 gibt es einen Gedenkstein auf dem ehemaligen Ostbahn-Anschlussgleis des Krankenhauses. Weitere Informationstafeln zum **Friedhof** Wuhlgarten stehen am Eingang Buckower Ring 10, ganz am Ende des Wuhlgartens. Der Friedhof ist schon lange für Bestattungen geschlossen, die ehemalige Friedhofskapelle gibt es nicht mehr, und es sind auch keine Grabstellen mehr zu sehen. Da hier 256 Kriegsopfer beerdigt sind, hat er ewigen Bestandsschutz. Erhalten ist heute nur noch ein Teil der Umfassungsmauer.

Schon am Beginn des Weges von der Altentreptower Straße ist die markante Silhouette der roten und gelben Klinkerbauten zu erkennen. Der Name Wuhlgarten, den dieser Ort seit 1891 trägt und von der Stadt Berlin vergeben wurde, hing mit der Entstehung der städtischen „Anstalt für Epileptische Wuhlgarten bei Biesdorf" zusammen. Am 15. November 1893 wurde die nach Plänen des damaligen Berliner Stadtbaudirektors Hermann Blankenstein (1829–1910) errichtete Heilstätte eröffnet. Ab 1928 wurde der Name in „Heil- und Pflegeanstalt Wuhlgarten" geändert.

Ansicht des Klinikkomplexes

1968, anlässlich des 100. Todestages des verdienstvollen Psychiaters und Neurologen Dr. Wilhelm Griesinger (1817– 68), wurde das Krankenhaus nach ihm benannt und danach zur Zentralklinik für Psychiatrie und Neurologie der DDR ausgebaut. 1997 fusionierte das **Wilhelm-Griesinger-Krankenhaus** mit dem Krankenhaus Kaulsdorf zum Krankenhaus Hellersdorf, das 2001 als Vivantes Klinikum Teil des landeseigenen Vivantes-Netzwerkes für Gesundheit GmbH wurde. Ab 2008 begann der Rückzug von Vivantes aus Wuhlgarten, seitdem wurden die Gebäude nach und nach privatisiert.

Schon mit der Eröffnung und der endgültigen Fertigstellung ab 1905 arbeitete die Anstalt nahezu autark. Auf dem fast 100 Hektar großen parkartigen Gelände befanden sich neben dem großen **Verwaltungshaus** mit der schönen Kuppel, einer Uhr und dem Berliner Wappen – heute umgewandelt zu einer internationalen Privatschule (Lomonossow-Schule) – weiterhin mehrere frei stehende Pavillons zur Unterbringung von Patienten und Angestellten, eine Anstaltskirche, ein Gutshof, ein Friedhof mit Kapelle, Baumschulen, ein Karpfenteich, Waschhaus, Werkstätten, Heizhaus, Eiskeller u. v. m., die zum Erkunden auffordern. Wir bleiben an dem Weg, den wir gekommen sind, an der breiten **Allee** stehen, die das ganze Areal von Süd nach Nord bis zum Buckower Ring durchzieht. Bis zum ehemaligen Haupteingang mit dem Original-Pförtnerhaus sind es nur wenige Schritte nach Süden, die Adresse lautet **Brebacher Weg 15**; unter dieser Adresse wurde auch das gesamte ehemalige Krankenhausgelände einschließlich seiner Freiflächen 1989 als Denkmalensemble unter Denkmalschutz gestellt. Die Nutzung der einzelnen Gebäude hat sich seit der Aufgabe des Krankenhauses geändert; so ist z. B. in dem ehemaligen Kinderhaus für jugendliche Epileptiker mit integrierter Schule, welche sich in unmittelbarer Nähe des Hauptein-

Das ehemalige Verwaltungshaus beherbergt heute eine Schule.

ganges befindet, seit Januar 1998 die Augenklinik Berlin-Marzahn untergebracht.

Bleibt man auf dem Hauptweg und geht in nördlicher Richtung, kommt man gleich auf der rechten Seite an Haus 35, einem früheren Beamtenwohnhaus, vorbei. Vom Frühjahr 1954 bis zu seinem Tod am 30. Mai 1959 lebte und arbeitete der expressionistische Maler **Hans Brass** (1885–1959) hier in Wuhlgarten, die Tafel an der Fassade des Hauses erinnert seit 2012 daran. Hierhergekommen war er durch seine Frau, Dr. Elisabeth Brass geb. Bieschke, die als junge Ärztin seit 1953 hier im Krankenhaus arbeitete.

Beamtenwohnhaus im Brebacher Weg

Das nächste Haus vor dem kleinen ovalen Platz war das Wohnhaus des ersten Direktors der Anstalt, Sanitätsrat Dr. Otto Hebold (1856–1945), der hier von 1893 bis 1925 wirkte. Gleich daneben sieht man auch schon die ehemalige **Anstaltskirche**, die in der Nachkriegszeit zur Ruine verfiel. Nach der Wende wurde sie vom Wuhlgarten e.V. gerettet und zwischen 1994 und 1997 nach den alten Plänen wiederaufgebaut. Die Rekonstruktion wurde mit der Einweihung einer neuen Glocke für den Kirchturm am 24. Juni 2018 abgeschlossen. Heute finden hier regelmäßig ökumenische Gottesdienste, aber auch Kunstausstellungen und Konzerte statt. Die Kirche dient zudem als Raum der Stille, der Andacht und der Meditation sowie als Ort der Begegnung und des kulturellen Austausches. Durch ihr abwechslungsreiches künstlerisches und kultu-

relles Programm ist die Kirche überregional bekannt geworden.

Entlang der Hauptachse findet man außerdem noch aus der Erbauungszeit stammende **Hydranten**, die es wahrscheinlich nur noch hier gibt. Auch der noch sehr gut erhaltene **Eiskeller** hinter dem ehemaligen Verwaltungsgebäude ist sehenswert.

Bevor wir Wuhlgarten verlassen, sollte man noch dem sehr gut und architektonisch harmonisch angepassten modernen Gesundheitscampus, dem Unfallkrankenhaus Berlin UKB, das am 3. September 1997 eröffnet wurde, einen Besuch abstatten. Am Ausgang zum Blumberger Damm befindet sich dann auch wieder eine Haltestelle der BVG. Mit den Bussen der Linie 154 oder X 69 kommt man sehr schnell zur U 5 am Elsterwerdaer Platz.

Ein Besuch in den „Gärten der Welt" lohnt sich immer!

Wer jetzt noch Zeit und Lust hat, kann auch mit dem Bus X 69 in die andere Richtung fahren. Nach nur zwei Haltestellen kommt man zum Haupteingang der **„Gärten der Welt"**. Anlässlich der 750-Jahr-Feier Berlins wurde der Park 1987 als Berliner Gartenschau und Geschenk der Gärtner an die Hauptstadt der DDR eröffnet. Ein Besuch dieser Marzahn-Hellersdorfer Sehenswürdigkeit lohnt sich immer und hinterlässt bleibenden Eindruck.

Biesdorf

Den Ortsteil Biesdorf erreicht man von Berlins Innenstadt am besten mit Zügen der S-Bahn-Linie S 5, die in Richtung Mahlsdorf, Hoppegarten, Strausberg oder Strausberg-Nord fahren. Den **Bahnhof Biesdorf** gibt es seit 1885, er liegt etwa 500 Meter nördlich der alten Dorflage Biesdorf, seither hat er sich mit seinen beiden Seitenbahnsteigen nicht wesentlich verändert. Er liegt unmittelbar an der Oberfeldstraße, die Biesdorf mit dem 4 Kilometer entfernten Alt-Marzahn verbindet. Bis November 1984 musste man den lästigen, sehr oft geschlossenen Bahnübergang nutzen, dann wurde er geschlossen, nur für Fußgänger und Radfahrer blieb er geöffnet. Für Autofahrer gab es die Alternativen, um von Nord nach Süd zu gelangen: die beiden neuen Brücken an der Märkischen Allee und am Blumberger Damm. Durch den Bau der Bahnlinie, die bereits 1867 als Königlich Preußische Ostbahn eröffnet wurde, wurde Biesdorf geteilt, was sich später, als ab 1900 auf den ehemaligen Äckern das Parzellierungsgebiet **Biesdorf-Nord** entstand, noch deutlicher bemerkbar machte. In den vergangenen Jahren wurde zwar einiges am Bahnhof und auf dem Bahnhofsvorplatz modernisiert – Aufzüge wurden angebracht, neue überdachte Fahrradständer und neue Beschilderung. Was jedoch alt blieb, war der Name Biesdorf. Er wurde nicht, wie z. B. im Fall von Berlin-Kaulsdorf, in Berlin-Biesdorf

Der Bahnhof Biesdorf, um 1905

Bahnhofsvorplatz mit der alten Fußgängerbrücke, 1963

geändert, sodass sich Fremde, die zum ersten Mal hierherkommen und das provinzielle Antlitz dieses Bahnhofes sehen, fragen könnten, ob Biesdorf überhaupt noch zu Berlin gehört. Die **Fußgängerbrücke**, die es seit 1942 gibt, ist bis heute ein notwendiges Übel des Bahnhofes. Damals wurden zusätzliche Gleise verlegt mit dem Ziel, die Stadtbahngleise von den Güter- und Fernbahngleisen zu trennen. Damit aber bei geschlossener Schranke die Bahnsteige erreichbar blieben, musste eine Fußgängerbrücke gebaut werden, anfangs aus Holz, die in den 1960er-Jahren durch eine Beton- und Stahlkonstruktion ersetzt wurde. Einmal im Jahr, zu Silvester, treffen sich hier viele Biesdorfer, stoßen mit Sekt auf das Neue Jahr an und genießen anschließend, wegen der guten Aussicht, das Feuerwerkspektakel über dem Himmel von Berlin. Typisch für Biesdorf-Nord ist das viele Grün, bedingt durch die vielen Grundstücke mit Ein- und Mehrfamilienhäusern und den dazugehörigen kleinen und größeren Gärten. Die ersten Bauten standen hier nachweislich bereits 1905, auch die ersten kleinen Geschäfte und Gastwirtschaften waren schon geöffnet. Von den einst 19 Gaststätten in Biesdorf-Nord vor 1945 gibt es heute wieder vier, die Gäste bewirten. 1949 zählte man in ganz Biesdorf fast 94 000 **Obstbäume** einschließlich mehrerer kleiner Obstplantagen. Aus diesem Grund und durch das Engagement der vielen ehemaligen Vereine, wie u. a. die vier Grundbesitzervereine, der Verschönerungsverein Biesdorf und selbstverständlich auch der Obst- und Gartenbauverein Biesdorf-Nord, feierten die Biesdorfer seit Anfang der 1920er-Jahre jedes Jahr am zweiten Maiwochenende unter dem Motto „Biesdorf, das Werder des Ostens" ihr **Biesdorfer Blütenfest**. Diese schöne Tradition, die nach dem Zweiten Weltkrieg in Vergessenheit geraten war, wurde seit den Feierlichkeiten zum 625-jährigen Biesdorf-Jubiläum im Jahr 2000 wieder aufgegriffen und erfreut sich bei den Besuchern aus Nah und Fern im Wonnemonat Mai bester Beliebtheit. Gefeiert wird auf dem Gelände südlich des Bahnhofes und im Schlosspark Biesdorf. Der Individualverkehr mit **Bussen** begann 1928 mit der Buslinie A 37 vom Bahnhof Lichtenberg nach Marzahn, was damals eine große Erleichterung war. In der Zeit vom 1. November 1956 bis zum 31. Januar 1973 fuhren Oberleitungsbusse der Linie O 37 durch Biesdorf, es war die letzte O-Bus-Linie Berlins. Heute fährt der 192er-Bus, der Friedrichsfelde und Marzahn verbindet.

Baumblüte in Biesdorf-Nord, um 1928

Das Postamtsgebäude im Jahr 2011

Verlassen wir den Bahnhofbereich und gehen in Richtung Süden zum historischen Biesdorfer Ortskern. Dabei kommen wir am Haus Oberfeldstraße 1b–d vorbei. Von 1955 bis 2003 war hier das örtliche **Postamt** untergebracht. Wegen Umstrukturierung und Sparmaßnahmen zog die Post dann ins Biesdorf Center, Weißenhöher Straße 88–108, am Elsterwerdaer Platz, wo sie in einem Schreibwarengeschäft als Filiale integriert wurde, aber das ist auch schon wieder Geschichte. Eine Biesdorfer Postfiliale gibt es erst wieder seit dem 15. Januar 2020 in Biesdorf-Süd, in der Köpenicker Straße 283. Am alten Postgebäude ist nur noch der Schriftzug „Post" übrig geblieben, innen wurde es ab 2018 zu Studentenwohnungen umfunktioniert. Ebenfalls in den 1950er-Jahren entstanden auf einer Freifläche, die noch kurz zuvor landwirtschaftlich genutzt worden war, gegenüber der Post die **Neubauten** zwischen Schlosspark und Oberfeldstraße. Damit sollte Wohnraum für Militärangehörige aus Strausberg und des Erich-Weinert-Ensembles, einem professionellen Künstlerensemble der NVA, geschaffen werden. Deshalb bekam das Quartier von den Biesdorfern die Namen **„Sachsensiedlung"** oder **„Klein-Pirna"** verpasst. Ein paar Schritte weiter trifft man auf die Beethovenstraße. Früher als Triftweg bezeichnet, bildete sie die nördliche Begrenzung zwischen Dorf und Ackerland (Oberfeld). Anschließend fällt ein unbebautes Grundstück mit allerlei Baumwildwuchs auf. Es gehörte einst zum Haus Alt-Biesdorf 64. Hier ließ um 1893 August Gensler (1861–1938) sein Wohn- und Gasthofgebäude errichten. Sein Nachfolger nannte es ab Sommer 1929 **„Paradiesgarten“**. Ab dem 22. April 1945 wurde hier die russische Kommandantur untergebracht. Nach deren Abzug der Kommandantur konnte der Gaststättenbetrieb der Familie Bloch fortgeführt werden, aber im Jahr nach dem Tod des letzten Inhabers Bruno Bloch (1901–52) gab seine Witwe auf. Die untere Etage des Gebäudes wurde zur Kinderkrippe umgebaut, wobei auch der ehemalige Gaststättengarten genutzt wurde. Heute werden hier Fahrräder verkauft. Der „Paradiesgarten“ war nur ein Restaurant von vier in der Dorfstraße von Alt-Biesdorf. Der älteste Gasthof war der **Biesdorfer Dorfkrug** in Alt-Biesdorf 6. Er befand sich seit dem letzten großen Brand von 1839 am westlichen Ortsausgang, da die

Das Restaurant Gensler im Haus Alt-Biesdorf 64

damaligen Gemeindevertreter am alten Standort auf dem Anger neben dem Kirchhof (Alt-Biesdorf 63) lieber die neue Schule errichten wollten, deren Vorgängerbau ebenfalls niedergebrannt war. Bei der ersten urkundlichen Erwähnung Biesdorfs im Jahr 1375 wurde auch ein mit dreieinhalb Hufen Ackerland verbundener Dorfkrug erwähnt. 1751 kam der Krug in den Besitz der Familie Kalbe und blieb es über vier Generationen bis 1874. Um 1880 wurde an den Krug ein Saal angebaut. Ab 1909 übernahm die Familie Straubel den Gasthof. Während des Zweiten Weltkrieges wurde der Saal 1942 für die Unterbringung von 50 tschechischen Zwangsarbeitern umgebaut, die für die Uniformfabrik des „Herrn Ernst Rihm, Berlin C 2, Blumstraße 81" arbeiten mussten. Der 1995 unter Denkmalschutz gestellte Biesdorfer Krug wurde 1963 geschlossen, war danach Produktionsstätte für Konserven, anschließend Lebensmittelgeschäft und ist seit der Wende eine Kfz-Werkstatt.

Ein weiterer großer Gasthof mit Festsaal befand sich in Alt-Biesdorf 30. Das sogenannte **Biesdorfer Gesellschaftshaus** wurde erstmals 1881 erwähnt, Inhaber war Gustav Heine (1854–1931), der es vermutlich zu dieser Zeit bauen ließ. Heine zog sich 1899 aus dem Geschäft zurück, aber der Name „Heine's Gesellschaftshaus" erhielt sich noch bis zur Schließeng 1965. Ein Wirt fügte 1919 noch den Zusatz „Die Perle von Biesdorf" hinzu. Genutzt werden die Räumlichkeiten heute vom Tiefbauamt der Marzahn-Hellersdorfer Bezirksverwaltung. Die vierte Gastlichkeit gibt es nicht mehr. Das Haus

Innenansicht des an den Dorfkrug Alt-Biesdorf 6 angebauten Saals

Alt-Biesdorf 32 wurde bereits 1958 geschlossen und 1960 abgerissen. Es stand unmittelbar an der Kreuzung Alt-Biesdorf/Ecke Köpenicker Straße. 1875 eröffnete hier der Bäckermeister Friedrich Noack (1847–1916) eine Konditorei mit Café. 1902 übernahm der Gastwirt und Bäckermeister Albert Lindemann (1857–1926) das Haus, machte daraus ein Restaurant mit eigener Bäckerei und nannte es **„Restaurant zur Hopfenblüte“**. Zum Schluss kehrten hier oft Mitglieder des Erich-Weinert-Ensembles ein, das im heutigen Theater am Park, Frankenholzer Weg 4, auftrat.

Restaurant und Konditorei Lindemann in dem 1960 abgerissenen Haus Alt-Biesdorf 32 an der Ecke Köpenicker Straße

Machen wir nun einen Schritt von der Gastlichkeit zur Schulbildung. Das Gebäude Alt-Biesdorf 63 auf dem Anger, welches zu den ältesten des Ortes zählt, war einst die **Biesdorfer Schule**. Neu errichtet wurde sie nach dem bereits erwähnten Brand von 1839. Von 1840 bis 1911 wurden hier die Biesdorfer Kinder unterrichtet. Nach einem größeren Neubau der Schule in der Schulstraße 11 wurde die alte Schule als evangelischer Kindergarten, Gemeindehaus und von der Berliner Stadtmission genutzt. All das gehört inzwischen der Vergangenheit an. Um 2015 verkaufte die Gemeinde das Haus, es wird nun privat genutzt.

Ebenfalls auf dem Anger, zwischen ehemaliger Schule und Kirche, steht seit 1922 das **Denkmal** für die im Ersten Weltkrieg gefallenen Biesdorfer. Bereits bei der Aufstellung gab es Probleme, da das damalige SPD-regierte Verwaltungsamt Lichtenberg eine Aufstellung auf

öffentlichem Land nicht genehmigte. Kirchengemeinde und Kriegerverein einigten sich, und seitdem steht das Denkmal auf dem bereits 1898 geschlossenen Kirchfriedhof. Nur historische Abbildungen können noch bezeugen, wie das Denkmal aus schwarzem schwedischem Granit von der Firma A. Neumann & Co. aus Berlin-Lichtenberg gefertigt aussah, bevor es in den 1970er-Jahren der Kugel samt Adler beraubt wurde. Im Laufe der Jahre sind die mit Blattgold unterlegten Inschriften verblasst, private Initiativen der Biesdorfer Bevölkerung zur Wiederherstellung des Urzustandes blieben jedoch wegen des Widerstands der Kirchengemeinde, der Denkmalschutzbehörde und der Politik bisher ohne Erfolg. Das mit Abstand älteste Bauwerk in Biesdorf ist **Gnadenkirche**. Obwohl die erste schriftliche Nachricht über die Kirche erst 1682 zu finden ist, kann man davon ausgehen, dass mit der deutschen Besiedlung Mitte des 13. Jh.s an dieser Stelle der erste Kirchenbau entstanden sein muss. Noch gut erkennbare Zeugnisse aus der romanischen Bauzeit sind ein an der Nordseite zugemauertes Rundbogenfenster und die für das Kirchenschiff verwendeten Feldsteinquader. Trotz ihrer dicken Mauern blieb die Kirche nicht vor Feuer und

Die ehemalige Schule Alt-Biesdorf 63

Plünderung verschont. Auch der Zweite Weltkrieg brachte dem Gebäude großes Unheil. Am Abend des 20. Januar 1944, bei einem der schwersten Bombenangriffe, die die Biesdorfer erleben mussten, waren nicht nur 23 Tote zu beklagen, sondern stand auch die Kirche in Flammen und brannte völlig aus. 1897/98 war sie mit erheblichen Mitteln umgebaut worden und erhielt dabei u. a. einen neuen Turm. Knappe Geldmittel ließen 1950/51 nur einen vereinfachten Wiederaufbau zu. Gegenüber der Kirche, Alt-Biesdorf 59, steht das evangelische **Pfarrhaus**. Vier verschiedene gestempelte Ziegelsteine aus Rathenau und Umgebung aus der Zeit vor 1850 belegen, dass das Haus um 1847 errichtet und 1885 aufgestockt wurde. Heute beherbergt es noch das Gemeindebüro, früher bewohnte die obere Etage der Pfarrer. Zwischen 1865 und 1933 übten die Biesdorfer Geistlichen auch noch das Amt des Superintendenten aus. Interessant ist ein alter Backofen im Keller, der aus der Erbauungszeit stammt, aber leider nicht öffentlich zugänglich ist.

Das Pfarrhaus im Jahr 1907

Mit nur wenigen Schritten, an der Wache der Freiwilligen Feuerwehr vorbei, erreichen wir Alt-Biesdorf 55, hier „erklimmen“ wir den leichten Anstieg des Höhenzugs Nieder-Barnim und stehen am **Schloss Biesdorf**. Diese kleine Anhöhe bildet die Nordkante zwischen dem Berliner Urstromtal als Teil des

Warschau-Berliner Urstromtals und dem Barnim. Das Schloss, wie die spätklassizistische Villa seit alters her genannt wird, verdanken wir der Familie von Rüxleben. Freiherr Hans Bruno von Rüxleben kaufte 1853 das Biesdorfer Rittergut, nach seinem Tod 1861 erbte sein Sohn Hans Hermann das Gut. Im Jahr seiner Vermählung mit Anna Pauline Griebenow, Tochter des 1865 verstorbenen, überaus wohlhabenden Großgrundbesitzers Christian Wilhelm Griebenow, wurde das Schloss 1868 fertiggestellt. Am Entwurf war neben Heino Schmieden vermutlich auch dessen Compagnon Martin Gropius, Großonkel des späteren Bauhaus-Begründers Walter Gropius, beteiligt. 1887 übernahm es **Werner Siemens**, es blieb etwa 40 Jahre lang im Besitz der Familie von Siemens und wurde deshalb auch „Siemens-Villa" genannt. Die wechselvolle Geschichte des

Die „Siemens-Villa" vor ihrer Rekonstruktion und feierlichen Wiedereröffnung 2016

Gutes, des Schlosses und des Parks kann man im Schloss im Raum der Geschichte erfahren. Heute ist das Schloss nach seiner Sanierung und Rekonstruktion ein einzigartiger Ort der Kultur mit vielseitigen Angeboten und angegliedertem Café. Bei schönem Wetter kann man auch, wie einst die Familie von Siemens, auf der Terrasse einen Kaffee genießen. Die Turmvilla mit ihrer italienisch anmutenden Architektur und rosafarbener Putzeinfärbung ist heute Sitz der kommunalen **Galerie** des Bezirks Marzahn-Hellersdorf. Die Anlage des **einstigen Gutshofes**, Alt-Biesdorf 21–22, seit 1927 im Besitz der Stadt Berlin, wird derzeit zu einem modernen Wohnpark umgestaltet und soll 2021 fertig werden. Historische Gebäude wie das ehemalige Verwaltungsgebäude, in dem sich seit den 1980er-Jahren die Tierärztliche Klinik für Klein- und Heimtiere befindet, eine alte Scheune, der Pferdestall (1888) und der Kuhstall (1901) sollen integriert werden.

Zum Abschluss dieses Spazierganges bietet sich ein Rundgang durch den **Schlosspark** an, vorbei am Teich, am Eiskeller, am Teehaus und dann die Lindenallee (Albert-Brodersen-Allee) entlang. Am Ende der Allee gelangen wir links wieder zum S-Bahnhof Biesdorf.

Der Biesdorfer Gutshof um 1955

Kaulsdorf

Die S-Bahn der Linie S 5 bringt uns nach Kaulsdorf. Am **S-Bahnhof Berlin-Kaulsdorf**, so benannt seit dem 1. August 1952, steigen wir aus und gehen durch den kleinen Fußgängertunnel zum Bahnhofsvorplatz. Am östlichen Ende des Bahnsteigs wurde 2013 eine Fußgängerbrücke einschließlich zweier Aufzüge zum nördlichen Bahnhofsvorplatz mit direkter Anbindung an den dort gelegenen Busbahnhof errichtet. Der Bahnhof wurde bereits am 25. August 1869 als Haltepunkt „Caulsdorf“ (ab 15. Oktober 1881 Kaulsdorf) an der 1867 fertiggestellten Teilstrecke der Königlich Preußischen Ostbahn eröffnet und ist somit der älteste Bahnhof im Bezirk Marzahn-Hellersdorf. Von einem Bahnhofsgebäude ist heute nicht mehr viel zu erkennen, Fahrkarten gibt es hier schon lange nicht mehr zu kaufen, stattdessen gibt es Gastronomie, Imbiss und ein Nagelstudio. Eine zweite geschichtliche Besonderheit

Der Kaulsdorfer Bahnhof, um 1900

kann der Bahnhof vorweisen: Hier befand sich die **erste Poststelle** im heutigen Bezirk Marzahn-Hellersdorf. Der erste bekannte Haltestellenvorsteher und Postagent war Johann Gottlob Wilhelm, der diese Aufgabe ab 1878 übernahm. Nach ihm wurde sein Sohn Oscar mit dieser Aufgabe betraut. Nach dessen frühem Tod 1882 übernahm Otto Lehmann, ab 1885 Schwiegersohn von Johann Gottlob Wilhelm. Er eröffnete am 5. August 1884 in der Dorfstraße 36/37 eine neue Postagentur. Er verstarb 1885. Sein Nachfolger, Postagent Invalide Friedrich John, starb 1905 im Alter von 58 Jahren, seine Witwe Maria führte die Agentur als Postagentin bis zu ihrem Tod 1910. Im selben Jahr wurde die Post mit der Eröffnung des ersten Postamtes in der Wilhelmstraße 22 (Mädewalder Weg 61–63) erneut verlegt. Die Postgeschichte endete mit der Schließung am 28. Februar 2011. Heute befindet sich hier das Restaurant **„Schützengrill"**.

Das Postamt an der Wilhelmstraße, um 1912

Vom Bahnhof gelangt man unwillkürlich zur **Heinrich-Grüber-Straße**. Sie hieß ursprünglich Hönower Straße und bildete die Verbindung zwischen Kaulsdorf

und dem 6,2 Kilometer entfernten Hönow. 1900/1901 fand man für ständig geschlossene Schranken am Bahnübergang eine verkehrstechnische Lösung: Man baute zwei Rampen und eine Brückenüberführung für den Fahrzeugverkehr, im Volksmund **„Galgen“** genannt. Für die Fußgänger baute man einen Tunnel, der sie sicher ins südlich gelegene Dorf brachte. Bevor wir unseren Weg durch den Fußgängertunnel fortsetzen, schauen wir kurz auf das gegenüberliegende **Restaurant „Zur S-Bahn“** in der Heinrich-Grüber-Straße 1. Das Haus wurde um 1893 gebaut und eröffnet und ist das älteste noch erhaltene Restaurant in Kaulsdorf, der erste Gastwirt hieß Ernst Scherff. 1897 übernahm der frühere Milchpächter Wilhelm Bobey das Restaurant und Gartenlokal. Sein Sohn Paul gab dem Restaurant um 1908 den Namen „Restaurant zur Stadtbahn“. Mit der Elektrifizierung der Stadtbahn, die Kaulsdorf 1928 erreicht hatte, wurde es ab 1930 „Gaststätte zur S-Bahn“ genannt. Von 1960 bis zur Wende war es eine HO-Gaststätte. 1982 wurde Norbert Kyewski Leiter des Restaurants, er übernahm die Gaststätte

Das Restaurant zur Stadtbahn unter dem Inhaber Paul Bobey

Büste Heinrich Grübers auf dem gleichnamigen Platz

1990. Seit dessen Tod ist die Tochter die Chefin hinterm Tresen. Ein Besuch lohnt sich, schon wegen der vielen bahnhistorischen Erinnerungsstücke, die hier ausgestellt sind.

Unser Weg führt uns weiter, wir durchqueren den Fußgängertunnel. Am Ausgang stehen wir am **Heinrich-Grüber-Platz**, von dem mehrere Straßen abgehen. Der Platz erhielt nach seiner Neugestaltung am 21. Mai 2008 den Namen des Pfarrers in Erinnerung an seine Kaulsdorfer Wirkungsstätte von 1934 bis 1945. 2009 wurde das Mitglied der Bekennenden Kirche mit der Enthüllung einer Büste auf dem Platz geehrt. Links geht der Wilhelmsmühlenweg ab, der in Mahlsdorf endet. Geradezu verläuft die Planitzstraße, sie endet am Vivantes Klinikum Kaulsdorf. Zwischen ihr und dem rechts verlaufenden Mädewalder Weg wurde der Wilhelmplatz angelegt. Das gesamte Areal entstand in den ersten Jahren des 20. Jh.s, wobei der Mädewalder Weg, bis 1938 Wilhelmstraße, die neue

Gartenanlagen am Wilhelmplatz vor der Villa Planitz

Das „Schloss Kaulsdorf" genannte Bundes-Schützenhaus gab dem Hotel seinen Namen.

Einkaufsstraße Kaulsdorfs wurde. Erwähnenswert ist auch, dass in der Planitzstraße 17 von 1907 bis zu seinem Tod 1935 der Schriftsteller und Dichter **Ernst Edler von der Planitz** wohnte. Ihm wurde die Straße 1927, die vorher Hermannstraße hieß, schon zu Lebzeiten gewidmet. Zu seinen mehr als 50 Werken gehört das Buch *Die volle Wahrheit über den Tod des Kronprinzen Rudolf von Österreich*.

Wir gehen aber nach rechts, in die **Brodauer Straße**, die einst auch zur Hönower Straße gehörte, dann in Bahnhofstraße umbenannt wurde und seit 1938 ihren heutigen Namen trägt. Sie bringt uns direkt in den historischen Dorfkern. Vor der Hausnummer 33–35 machen wir kurz halt und stehen vor dem 2001 eröffneten Vier-Sterne-Hotel **„1a-Park Hotel Berlin Schloss Kaulsdorf"**. Das Haus hat allerdings keine historische Bedeutung. Nur der Name Schloss Kaulsdorf wurde vom ehemaligen Berliner Bundes-Schützenhaus, welches 1909 in der Hellersdorfer Straße 27 eröffnet wurde und das die Gastwirte „Schloss Kaulsdorf" nannten, übernommen. Das Schützenhaus wurde im Zweiten Weltkrieg teilweise zerstört. Ab 1951 als Kinderwochenheim genutzt, ist es seit der Wende die Jugendfreizeitstätte **„Villa Pelikan"**. Die Hoteleigner gingen im Mai 2015 insolvent und hielten sich noch einige Jahre mit der Unterbringung von Flüchtlingen über Wasser. Eine Zwangsverwaltung und die Zwangsversteigerung besiegelten 2020 das endgültige Aus.

Nach einigen Metern gelangen wir auf der linken Straßenseite Brodauer Straße 10/Ecke Waplitzer Straße an ein begrüntes Grundstück. Hier wurden die 1945 in Kaulsdorf gefallenen Angehörigen der Roten Armee bestattet. 1946 erfolgte die Aufstellung eines **Obelisken** zu deren Erinnerung. 1947/48 wurden sie auf den sowjetischen Ehrenfriedhof im Treptower Park umgebettet. Nach einer Umgestaltung zur Grünfläche und einer Restaurierung 1975 wurde der Obelisk offiziell eingeweiht. Es ist das einzige Sowjetische Ehrenmal in Berlin, dessen drei Inschriften nur in russischer und nicht in deutscher Sprache wiedergegeben sind. Sie lauten: Links: „Ewiger Ruhm Euch Recken des russischen Volkes, die Ihr die Ehre, Freiheit und Unabhängigkeit unserer Heimat verteidigt habt“. Rechts: „Ewiger Ruhm den Kämpfern der Roten Armee, die im Kampf um die Einnahme Berlins gefallen sind“. Hinten: „Ewiger Ruhm Euch Helden, die Ihr die Ehre, Freiheit und Unabhängigkeit unserer Heimat verteidigt habt“. Aber dieser Ort hat noch eine weitere historische Bedeutung. Ab 1866 befand sich hier der neue **Friedhof** der Gemeinde Kaulsdorf, nachdem der alte Friedhof neben der Kirche geschlossen werden musste. Bereits 1921 musste auch der neue Friedhof schon wieder geschlossen werden, aber bereits 1911 hatte man in der Dorfstraße 24, zwischen Dorf und Bahn gelegen, den dritten und heutigen Kaulsdorfer Friedhof eröffnet.

Das 1946 aufgestellte Sowjetische Ehrenmal an der Brodauer Straße

Das alte Pfarrhaus in der Dorfstraße 12a–b

Nur wenige Schritte weiter gelangen wir in das **historische Kaulsdorf**. Hier gibt es noch viele Wohngebäude aus dem 19. Jh. zu sehen. Bauernhöfe im ursprünglichen Sinne gibt es nur noch in ihrer erkennbaren Struktur als Drei- und Vierseithöfe, sie sind in den letzten Jahren zu weiteren Wohnzwecken umgebaut worden. Andere Gebäude, die das Dorf

prägten, existieren heute nicht mehr, wie z. B. das **Pfarrhaus** in der Dorfstraße 12a–b. Überliefert sind alte Ansichten des 1910 errichteten Hauses. Erster Bewohner war der in Ostpreußen geborene Pastor Paul Schacht aus Oderberg, Kreis Angermünde. Seit der Reformation war Kaulsdorf eine Filiale der Gemeinde Biesdorf und erhielt 1907 eine eigene Pfarrstelle. Nach dem Ende von Schachts Amtszeit 1933 trat hier Heinrich Grüber 1934 sein Amt an. Das Haus wurde am 30. März 1943 durch eine Bombe stark zerstört, nach Beseitigung der Trümmer nutzte die evangelische Kirche das Grundstück bis 1999 als Kindergartenspielplatz. Heute befindet sich auf dem Grundstück eine **Kindertagesstätte** der evangelischen Gemeinde. Wir gehen auf der Nordseite um die Kirche herum und bleiben in der Dorfstraße 12 stehen. In diesem Haus befand sich die letzte **Dorfschule**, bis 1911/12 die neue, weitaus größere Schule mit Turnhalle in der Adolfstraße 24–25 errichtet wurde (Architekt: Tarruhn). Heute heißt sie Franz-Carl-Achard-Grundschule. Die Schule in der Dorfstraße 12 wurde 1830 errichtet, weil das alte, bisher genutzte Schulzimmer im Haus Dorfstraße 6 mit 18 Quadratmetern für 53 Schüler zu klein geworden war und ein Umbau zu teuer gewesen wäre. So hatte sich die Gemeinde entschlossen, ein neues Küster- und Schulhaus gleich neben der Kirche zu errichten. Das Schulzimmer war nun 34 Quadratmeter groß und bot 60 Schülern Platz. Nach der Nutzung als Schule wurde die Tür zur Straßenseite zugemauert und durch ein Fenster ersetzt. Heute dient das von der Ostseite begehbare Haus u. a. als **Gemeindehaus** der evangelischen Jesus-Kirchengemeinde Kaulsdorf.

Die ehemalige Dorfschule in der Dorfstraße 12

Gleich rechts neben der alten Schule kommen wir zur **Kaulsdorfer Kirche** und stehen vor der seit 1929 so genannten **Hochzeitspforte**. Dieser repräsentative Haupteingang entstand 1880 bei der Umgestaltung des 1866 als Begräbnisstätte geschlossenen Kirchhofes. Die Kirche selbst hat in der Zeit ihres Bestehens – die Grundmauern sollen aus der Zeit vor 1250 stammen – viele Veränderungen erlebt, auf die hier nicht weiter eingegangen werden kann. Ein wesentlicher Um- und Neubau, dem noch heute das Aussehen der Kirche entspricht, erfolgte im Jahr 1875. Erwähnenswert ist hier die neue dreiteilige **Turmanlage** aus Backstein im neugotischen Stil. Dem 33 Meter hohen Turm wurde, wahrscheinlich aus strategischen Gründen, am 22. April 1945 von einer deutschen Flak-Stellung von Biesdorf aus die Spitze

Die wiederaufgebaute Turmspitze der Dorfkirche

Die sogenannte Hochzeitspforte der Dorfkirche

abgeschossen. Ein nach dem Krieg aufgesetztes Zeltdach wurde zum langjährigen Provisorium. 1997/98 wurden Stimmen lauter, die den Wiederaufbau der Turmspitze forderten. In kurzer Zeit kamen 500 000 DM an Spendengeldern zusammen, und schon am 2. Oktober 1999 konnte die Fertigstellung der Turmspitze gefeiert werden. Zu den Hauptsponsoren gehörte die **Firma Schilkin**, die seit 1932 ihren Sitz auf dem ehemaligen Gutshof in Alt-Kaulsdorf 1–11 am Ende der Dorfstraße hat. Hier wirkte im 18. Jh. schon der bekannte Chemiker Franz Carl Achard. Bis 1919 befand sich hier der Sitz des letzten Amtsvorstehers des Amtsbezirkes Biesdorf, Eugen Voigt, der mit Elisabeth Landré, der Tochter des Berliner Brauereibesitzers Charles Adolphe Landré verheiratet war. Vermutlich haben wir es Voigt zu verdanken, dass es seit 1909 in Kaulsdorf eine Landréstraße gibt. Eine Ausstellung zur Geschichte der Kirche und des 1347 erstmalig erwähnten „Caulstorp“ kann sonntags nach dem Gottesdienst im **Turmmuseum** besichtigt werden.

Ehemaliger Gutshof Kaulsdorf um 1915, heute Sitz der Spirituosenfabrikation der Firma Schilkin

Rechts neben dem Hochzeitstor wurde am 22. Dezember 1997 für Heinrich Grüber in Erinnerung an seine Wirkungsstätte an dieser Kirche eine Gedenktafel angebracht. Wegen vermutlich mutwilliger Beschädigungen An-

Denkmal für die Gefallenen des Ersten Weltkriegs

fang 2012 musste die Tafel erneuert werden. Nur durch Spenden konnte am 4. November 2013 eine neue Tafel enthüllt werden. Nicht mehr vorhanden ist das **Gefallenendenkmal** des Ersten Weltkriegs. Das Denkmal rechts neben der Kirche wurde nach einem Entwurf des Kunstbildhauers Hermann Fuchs am 20. Oktober 1929 auf Initiative des 1898 gegründeten Kriegervereins Kaulsdorf eingeweiht. Bis auf das Steinkreuz in der Umfassungsmauer wurde es 1945 entfernt. Ebenfalls entfernt wurden die beiden Bronzetafeln mit 104 Namen, die im Februar 1951 zur Einschmelzung freigegeben wurde. Später wurde an dieser Stelle eine Trauerweide gepflanzt, die aber wegen ihrer Größe um 2010 entfernt wurde – möglicherweise, weil sie den Blick auf die Kirche mit ihrer neuen Turmspitze verdeckte.

Natürlich kann man in Kaulsdorf noch viel mehr entdecken, besonders entlang der Straße Alt-Kaulsdorf, an der es einst sechs Gaststätten gab. Dazu zählte auch der alte Dorfkrug, der 1778 in Alt-Kaulsdorf 23 errichtet und 1995 als Diskothek und Nachtbar geschlossen wurde.

Für die Heimreise von Alt-Kaulsdorf/Ecke Chemnitzer Straße gibt es die Möglichkeit, in vier Minuten mit dem Bus 398 zum U-Bahnhof Elsterwerdaer Platz zu gelangen (drei Haltestellen). Oder man steigt an derselben Haltestelle in den Bus 269 in Richtung Kaulsdorf-Nord, von wo aus man in sieben Minuten (vier Haltestellen) den S-Bahnhof Kaulsdorf erreicht. Eine andere Alternative ist ein Fußmarsch von ca. 1,3 Kilometern durch die Dorfstraße bis zu deren nördlichem Ende, am Friedhof vorbei und links den Fußweg entlang bis zum U- und S-Bahnhof Wuhletal. Dabei kann man einen herrlichen Blick auf den **Landschaftspark Wuhletal** mit dem Biesdorfer Berg (Trümmerberg) genießen.

Kapelle auf dem Kaulsdorfer Friedhof

Mahlsdorf

Mahlsdorf ist mit 12,94 Quadratkilometern nicht nur der flächenmäßig größte Ortsteil, auch mit einer Einwohnerzahl von rund 29 000 (Stand 2019) ist Mahlsdorf Spitzenreiter unter allen Ortsteilen des Bezirkes Marzahn-Hellersdorf, die ehemals Dörfer waren. Obwohl Mahlsdorf als Letztes einen **Bahnhof** an der Ostbahn erhielt, nahm die Entwicklung einen schnelleren Verlauf als in den Nachbargemeinden. Diese wurde durch den Anschluss einer **Straßenbahnverbindung** von Köpenick zum Bahnhof Mahlsdorf noch einmal gesteigert. Prognosen gehen davon aus, dass im Jahr 2030 allein in den drei Ortsteilen Biesdorf, Kaulsdorf und Mahlsdorf ca. 82 600 Menschen leben werden. Derzeit (2019) sind es knapp 77 000.

Wie schon 1895, als die Bahnstation eröffnet wurde, reist man noch heute am schnellsten mit der Bahn nach Mahlsdorf, heute allerdings mit der S-Bahn. Bis dahin war es allerdings ein langer Weg. Bei der Eröffnung des Haltepunkts lag der Bahndamm noch ebenerdig und führte über die Hönower Straße. Zur Absicherung des Bahnverkehrs mussten deswegen immer wieder und immer öfter die Schranken geschlossen werden, was den Straßenverkehr behinderte. Anfang 1921 wurden deshalb Forderungen laut, hier wie auch in Biesdorf Unterführungen zu bauen, um das Problem zu lösen. Es dauerte fast zehn Jahre, bis die Brücke und der Umbau des Bahnhofes fertig wurden. Mit der Eröffnung am 15. Dezember 1930 begann der elektrische Zugbetrieb. Zahlreiche Veränderungen, die in den letzten 90 Jahren am Bahnhof vorgenommen wurden, ließen von dem Entwurf des Architekten **Richard Brademann**, abgesehen von der äußeren Verblendung mit roten Klinkern im Stil der Neuen Sachlichkeit, nicht viel übrig.

Der Bahnhof Mahlsdorf, um 1910

Vom Bahnhof aus links geht es nach Mahlsdorf-Nord und weiter nach Hönow, das der Straße ihren Namen gab. Das erste nördlich der Bahn erbaute Haus war das am 1. Juli 1898 von Wilhelm Wernicke eröffnete **Restaurant „Wilhelmsthal“**. Die Bahn

brachte nicht nur erste Ausflügler, sondern auch erste interessierte Neusiedler nach Mahlsdorf. Das Restaurant in der Hönower Straße 94 verfügte über einen großen Biergarten, Ausspanne für Pferde, zwei Kegelbahnen und vieles mehr. Außerdem konnten hier, wie es damals üblich war, „Familien Kaffee kochen“: Um die Zahlung von Getränkekonzessionen zu umgehen, verkaufte das Gasthaus lediglich heißes Wasser, die Gäste brachten ihr eigenes Kaffeepulver mit. 1906 übernahm Gustav Schliefe das Restaurant. Die Familie Schliefe betrieb es bis 1960. Danach wurden die Räumlichkeiten unterschiedlich genutzt.

Vom Bahnhof aus gehen wir in Richtung Süden in die **ehemalige Dorfstraße**, die von 1895 bis 1938 Bahnhofstraße hieß und dann in die bereits bestehende Benennung der Hönower Straße einbezogen wurde. Ein weiteres Restaurant stand einst dort, wo sich jetzt ein Supermarktparkplatz befindet. Der Mahlsdorfer Gastwirt Emil Anders erhielt am 9. Juli 1896 eine

Das Restaurant „Wilhelmsthal“, um 1900

HO-Gaststätte mit Gloria-Kino

Ausschankkonzession für sein **„Gesellschaftshaus“** in der Hönower Straße 76–80. Nach 1950 wurde es die HO-Gaststätte „Mahlsdorf“, die sein Sohn Otto bis zu seinem Tod 1971 leitete. Um 1982 abgerissen, entstand 1983 an dieser Stelle eine Kaufhalle. Überliefert ist, dass 1920 im großen Tanzsaal das „Große neue Lichtspiel-Theater“ erste Kinovorführungen zeigte. Ab 1938 wurde daraus eine feste Institution mit dem **Kino „Gloria“**. In der Zeit des ersten großen Kinosterbens musste es um 1962 schließen.

In dem 1910 erbauten Haus neben dem Parkplatz Hönower Straße 72/Ecke Fritz-Reuter-Straße war von 1910 bis 1937 im Erdgeschoss das erste Mahlsdorfer **Postamt** untergebracht. Zeitweilig befand sich in der ersten Etage auch die Mahlsdorfer **Bibliothek**. Das neue Postamt in der Fritz-Reuter-Straße 8–9 wurde am 1. April 1937 eröffnet. Nach der Privatisierung der Post wurden diese Räume im Sommer 2000 geschlossen, die Post zog für einige Jahre in die Wodanstraße 44 und wurde 2008 schließlich in der Hönower Straße 102 als Partnerfiliale eröffnet.

Gleich gegenüber dem ehemaligen Postamt steht in der Fritz-Reuter-Straße 6 ein Wohnhaus. In der ersten Etage wohnte einst **Paul Großmann**, der noch heute vielen Mahlsdorfern durch seine Schriften zur Geschichte von

Mahlsdorf und als Ortschronist bekannt ist. Was viele nicht wissen, ist, dass er bereits vor seinem Umzug von Berlin nach Mahlsdorf 1903/04 ein bekannter Poet war. Er schrieb über 100 Liebesgedichte, aber bekannt wurde er als Texter populärer Schlager jener Zeit, wie z. B. *Zwei dunkle Augen* von Carl Heins, das namhafte Tenöre bis in die 1950er-Jahre hinein sangen. Seine bisher bekannten 172 Texte, darunter viele Märsche, humoristische Couplets und Liebesromanzen, wurden von mehr als 25 Komponisten, u. a. von Paul Lincke, vertont. Während seiner Zeit in Mahlsdorf betätigte er sich auch als Heimatdichter. Es entstand u. a. der Walzer *Der Mahlsdorfer*: „Wer sich recht amüsieren will, der komm' nach Mahlsdorf hin, da lebt man, wie sonst nirgendwo, stets mit vergnügtem Sinn." Zwischen 1908 und 1914 war er Herausgeber des Wochenblatts *Mahlsdorfer Nachrichten*, das anschließend in der *Mahlsdorfer Zeitung* aufging. Einige seiner Liebesgedichte wurden auf Postkarten mit anmutigen Liebespaaren gedruckt, die in der Zeit um 1900 sehr beliebt waren und in die weite Welt verschickt wurden. Die Grabstelle von Paul Großmann und seiner ersten Frau befindet sich noch heute auf dem evangelischen Waldkirchhof Mahlsdorf in der Rahnsdorfer Straße.

Im Erdgeschoss des Hauses Hönower Straße 72 war von 1910 bis 1937 Mahlsdorfs erstes Postamt untergebracht.

Widmen wir uns nun der Mahlsdorfer **Schule**, die uns schon beim Einbiegen in die Fritz-Reuter-Straße aufgefallen ist. Sie bildete mit ihrer Hauptachse einst den Abschluss dieser Straße, liegt aber an der Straße An der Schule 13–17 (bis 1951 Walderseestraße). Sie wurde 1904/05 erbaut, als in Mahlsdorf die Schülerzahl rasant anstieg und die alten Räumlichkeiten in der Bahnhofstraße (Hönower Straße 19) nicht mehr genügend Platz boten. Nach nicht einmal einem Jahr Bauzeit konnte die neue Schule nach Plänen des Architekten Pohl am 2. Juni 1905 eingeweiht werden. Da es zu dieser Zeit fünf Architekten mit dem Namen Pohl im Berliner Raum gab, ist über ihn nichts Genaueres zu ermitteln. In den folgenden Jahren erwies sich die neue Schule schnell wieder als zu klein. Mit dem **Erweiterungsbau** wurde der uns bereits von anderen Schulbauten im Bezirk bekannte Architekt Paul Tarruhn beauftragt. Am 1. Oktober 1909 war der Anbau fertig. Harmonisch wurden die Aula als Verbindungsbau zum neuen Nordflügel, die Dachausbauten und die Turnhalle im Stil der Neugotik hinzugefügt. Nach der Wende drohte der Schule das Aus. Sogar von Abriss war die Rede, nach-

Die heutige Friedrich-Schiller-Grundschule, um 1906

dem sie fünf Jahre lang leer gestanden hatte. Glücklicherweise entschied man anders. 1995–97 wurde sie denkmalgerecht restauriert und rekonstruiert und ist seitdem die Mahlsdorfer **Grundschule** mit dem Namen Friedrich Schillers, den sie bereits zu DDR-Zeiten trug.

Gehen wir nun wieder zurück zur Hönower Straße und begeben uns entlang der Straßenbahngleise in Richtung Süden. Auffällig ist die Schlangenlinienform der Straße zwischen dem Bahnhof und dem Hultschiner Damm/Ecke Rahnsdorfer Straße. Der Grund dafür ist der rechts verlaufende **Rohrpfuhlgraben** (heute zum größten Teil überbaut), der den im Norden liegenden Rohrpfuhl mit dem **Elsenteich** im Süden verbindet, an dem um 1200 das Straßendorf Mahlsdorf angelegt wurde. Die Straßenbahn, die seit dem 10. Mai 1907 Köpenick mit Mahlsdorf verbindet, war ein wichtiger Impulsgeber zur weiteren Entwicklung von Mahlsdorf. Sie musste wegen der schmalen Straße eingleisig gebaut werden und erfordert bei dem heutigen Verkehr größte Aufmerksamkeit aller Verkehrsteilnehmer.

Das Geschäft der Hedwig Hanne in der Hönower Straße 70

Hier kann leider nicht auf alle der wenigen erhaltenen historisch interessanten Häuser in der Hönower Straße eingegangen werden. An der **Hönower Straße 70**/Ecke Fritz-Reuter-Straße fällt ein Haus auf, an dessen Eckgiebel sich die Jahreszahl 1904 findet. Erster Besitzer war der Fuhrherr Adolf Anders, um 1910 kam das Haus in den Besitz des Stellmachers Wilhelm Unte. Im Haus wohnte zu dieser Zeit auch der Maurer Otto Hanne, dessen Frau Hedwig das Posamentenwarengeschäft im Ort betrieb. Ihr Sohn Max war mit der Tochter des erwähnten Gastwirts Emil Anders, Anna Frieda, verheiratet. Das Haus wurde nach der Wende liebevoll restauriert und beherbergt heute eine physiotherapeutische Praxis.

Das 1912 errichtete Pfarr- und Gemeindehaus

Gehen wir nun weiter bis zur Hönower Straße 17–19. Das Haus wurde 1912 errichtet und als **Pfarr- und Gemeindehaus** eingeweiht, 1962 erfolgte an der linken Seite ein Anbau, der als neuer Gemeindesaal genutzt wurde. Zuvor stand hier das alte, ab 1905 nicht mehr benötigte Schulhaus, das später abgerissen wurde. Da die Gemeinde ab 1907, als sie wieder selbstständig wurde, auch ein neues Pfarrhaus benötigte, einigte man sich auf den Bau des neuen Pfarrhauses mit Büro und einer Wohnung für die Pfarrersfamilie. Gleich links neben dem Pfarrhaus beginnt der **Kirchhof**. Auffällig steht hier die

mindestens 300 Jahre alte Mahlsdorfer **Dorflinde**. Sie ist die älteste Winterlinde im Bezirk Marzahn-Hellersdorf und wegen ihrer Seltenheit geschützt. Sie hat einen beachtlichen Stammumfang von 4,5 Metern. Ihre geringe Höhe von etwa zehn Metern und die krumme, moosige Wuchsform verleihen ihr eine gedrungene, märchenhafte Gestalt. Eine Abzäunung und regelmäßige Pflegearbeiten schützen den Baum vor weiterem Zerfall. Er wurde 1995 für 8000 DM saniert, mit Stahlseilen gesichert und eingezäunt. Was uns der Baum nicht erzählen kann, vermag seit 2020 eine kleine **Open-Air-Ausstellung**, die über den Friedhof und die hier beigestzten Mahlsdorfer Berühmtheiten wie u. a. die Gutsfamilie Schrobsdorff mit Hermann Schrobsdorff und seiner Frau Renate oder den Pfarrer Paul Rorlach informiert.

Die mit Stahlseilen gesicherte Dorflinde vor der Kirche

Gedenkstein für die im Ersten Weltkrieg gefallenen Mahlsdorfer

Vor der Kirche steht ein 1927 eingeweihter **Gedenkstein** für 184 im Ersten Weltkrieg gefallene Männer aus Mahlsdorf. Er zeigt das Relief eines Löwen und trägt die Inschriften „Den im Weltkriege Gefallenen. Der Kriegerverein Mahlsdorf“ auf der Vorderseite und „Unbesiegt. Unvergessen“ auf der Rückseite. Der Entwurf stammt von dem Berliner Bildhauer August Rhades, der als Sanitäter am Ersten Weltkrieg teilgenommen hatte und später an den Plastiken des russischen Ehrenmals in Treptow mitarbeitete. Sein wichtigstes Werk dort war die frei stehende Figur der „Mutter Heimat“.

Mit der mittelalterlichen **Kirche** aus dem 13. Jh. im Rücken geht es nun bis zur Kreuzung, an der die Hönower Straße endet und der bis nach Köpenick führende Hultschiner Damm beginnt. An dieser **Kreuzung** von Alt-Mahlsdorf fanden die größten baulichen Veränderungen statt. Für den Ausbau der damaligen Fernverkehrsstraße, heute B1/5, wurden Mitte der 1980er-Jahre an allen vier Ecken alle Häuser abgerissen, darunter auch der **Tegelitz'sche Gasthof** (Dorfkrug) von 1832. Dort, wo heute noch einige alte Bäume stehen, befand sich einst der Biergarten. Eine Infotafel unmittelbar neben der Straßenbahnhaltestelle gibt Auskunft über die Geschichte

Post-Meilenstein, der die Entfernung nach Berlin angibt: II Preußische Meilen

von Mahlsdorf. Der historische **Meilenstein** aus Granit, der zuvor auf der südlichen Straßenseite vor dem Grundstück Alt-Mahlsdorf 108 stand, wurde entfernt und ging verloren. Nach der Fertigstellung der Straße setzte man auf der gegenüberliegenden Straßenseite, also dort, wo einst der Mahlsdorfer Krug stand, eine aus Sandstein geformte Nachbildung.

Ehemaliges Gutshaus, in dem Charlotte von Mahlsdorf 1960 das Gründerzeitmuseum eröffnete

Auf eine einzigartige Sehenswürdigkeit muss zum Schluss noch hingewiesen werden, sie befindet sich im Hultschiner Damm 333. Kurz vor der Rechtskurve befindet sich auf der rechten Straßenseite das von Lothar Berfelde, besser bekannt als **Charlotte von Mahlsdorf**, eingerichtete **Gründerzeitmuseum** im ehemaligen Gutshaus, u. a. mit der Originaleinrichtung des Kneipeninventars der in den 1920er-Jahren berühmt-berüchtigten Berliner Gaststätte „Mulackritze“ in der Mulackstraße 15 im ehemaligen Scheunenviertel.

Den Rückweg kann man mit der Tram an der Haltestelle Rahnsdorfer Straße antreten, entweder zurück zum S-Bahnhof Mahlsdorf oder zum S-Bahnhof Köpenick.

Mahlsdorf war übrigens das einzige Dorf, welches ein **Wappen** führte. Die älteste Darstellung auf einer Urkunde stammt aus dem Jahr 1852. Schriftlich ist nicht überliefert, wann und von wem es geschaffen wurde. Sicher ist nur, dass es auf unterschiedlicher Weise bis 1920 amtlich von den Gemeindevorstehern und vom Gemeindevorstand als Siegel und Briefverschlussmarke genutzt wurde.